谨以此书庆贺
"北京中轴线——中国理想都城秩序的杰作"
列入《世界遗产名录》
暨北京中山公园对公众开放 110 周年

丽巨清华

北京中山公园风光影集

北京市中山公园管理处　编

文物出版社

图书在版编目（CIP）数据

巨丽清华：北京中山公园风光影集 / 北京市中山公
园管理处编. -- 北京：文物出版社, 2024. 9. -- ISBN
978-7-5010-8542-2

Ⅰ. K928.73-64

中国国家版本馆CIP数据核字第20245AE340号

巨丽清华——北京中山公园风光影集

编　　者	北京市中山公园管理处	
责任编辑	冯冬梅	
责任印制	张　丽	
出版发行	文物出版社	
社　　址	北京市东城区东直门内北小街 2 号楼	
邮　　编	100007	
网　　址	http://www.wenwu.com	
邮　　箱	wenwu1957@126.com	
经　　销	新华书店	
印　　刷	文物出版社印刷厂有限公司	
开　　本	889mm×1194mm　1/12	
印　　张	16.5	
版　　次	2024 年 9 月第 1 版	
印　　次	2024 年 9 月第 1 次印刷	
书　　号	ISBN 978-7-5010-8542-2	
定　　价	460.00 元	

编辑委员会

目 录

序

秦 雷

　　一千年前，这里是辽金古刹，所遗"辽柏"遮云蔽日，磅礴翁郁；六百年前，这里是明初营建北京城的核心构成和国家祭祀礼仪的神圣场所——社稷坛，祀事隆盛，世代绵延；一百一十年前，这里是北京城第一个开放的公园，地处九衢之中，设施臻完，巍然称"首善之园林"；今天，这里是世界文化遗产"北京中轴线——中国古代都城理想秩序的杰作"的重要组成部分，持续发挥着保护传承中华优秀传统文化和服务中外游客的功能作用。

　　悠悠千载，人杰地灵，历久弥新，薪火传承。为了庆祝对公众开放110周年和北京中轴线申遗成功，更好地展示和传播北京中山公园所承载的悠久历史、丰厚文化和独特价值，以及在新时代文物保护工作方针指导下取得的新成就，中山公园管理处与文物出版社合作策划出版了《清严偕乐——北京中山公园老照片集》《巨丽清华——北京中山公园风光影集》两本图录，以影像这种最为直观、具象的历史与艺术语言，从新旧、古今两个不同维度和视角，展现中山公园百余年来的历史变迁、丰富内涵与旧貌新颜。

　　《清严偕乐——北京中山公园老照片集》所选229幅老照片、舆图等，主要来自中山公园管理处旧藏历史档案资料。这些资料大都形成于20世纪二三十年代，是当年公园管理机构董事会制作留存的资料，从中亦可见当年公园管理之精严；同时，这些老照片也是民国初期中山公园引领时代风尚文化功能的产物和佐证：1915年，公园西南隅建成"绘影楼"建筑，当时著名的同生照相馆即在此设立分号，经营照相业务。中山公园旧藏的这些照片大都出自同生照相馆之手，照片右下角可见清晰的"同生照相"印戳。同生照相馆以拍摄名人政要肖像最为知名，其所拍摄的中山公园景观照片尺幅宽大、取景考究、包罗丰富、洗印精良、品质上乘，是民国时期公园风景摄影的代表作，更是今天研究民国时期中山公园历史的珍贵史料。书中还收录了民国不同时期的中山公园实测绘图，从中更可以细窥早期中山公园建设发展变化的丰富信息。同时，在照片的编排次序上，我们按照公园的功能特点作了富有深意的安排，分门别类，系统性呈现民国时期中山公园的景观特点、设施功能和管理内容，力求达到通俗性和专业性的统一，给后人以启示借鉴。"清严偕乐"一语，出自朱启钤先生所撰《中央公园记》一文中"园规取则于清严偕乐，不谬于风雅"之句。"清严偕乐"是民国时期中山公园开放以来规划建设与功能定位的总基调、总原则，以此命名这本民国时期的公园老照片集，不仅是对图录内容的准确概括，也是对朱启钤等先贤筚路蓝缕开创之功的致敬。

《巨丽清华——北京中山公园风光影集》则是一本最新的公园风景摄影集。为了庆祝公园对公众开放110周年，我们从去年年初即开始策划这本图录，邀请张晓莲、范炳远等多位著名公园风景摄影师，制定了长达一年多的拍摄计划，以摄取和表现中山公园的春夏秋冬四季之美、阴晴雨雪四时之奇，力求将公园最有特色的景观以最美的季相和最佳的角度表现出来。几位摄影师在调研后亦深感中山公园是一个值得用影像去表达的宝地，倾注了极大的艺术热情，起早贪黑，雪中雨里，就高俯低，探幽搜奇，精益求精，不满意的片子则反复重拍。在图片选择标准上与以往的公园影集强调代表性景观不同，而是以突出艺术性为主，兼顾景观的代表性，从上千张照片中精挑细选近150张，分门别类，集成这部图录。"巨丽清华"一词取自朱启钤《中央公园记》中"地望清华，景物巨丽"之句，这是当年朱启钤先生对北京中山公园特点的概括，我认为，百余年后，这仍然是对公园特点的最好表达。

两本图录的内容时代有别，色彩各异，风格迥然，但是一脉相承、一以贯之，犹如历史的河流流淌不息。我们将两本独立的书籍做一整体设计，犹如姊妹篇；这也是历史和现实的对话，历史在现实中传承和延续，现实也终将融入过去，成为新的历史。

抚今思昔，往事如烟；抚昔思今，豪情万千。在公园对公众开放110周年之际，乘着北京中轴线申遗成功的春风，中山公园人将在习近平新时代文化思想的指引下，不忘初心、牢记使命，再接再厉，传承创新，为实现北京中山公园的高质量发展和保护传播世界文化遗产价值而努力奋进！

（作者为北京市中山公园管理处党委书记、园长）

千年积淀

社稷祭祀活动是中国礼制文化的组成部分。社神是土神、稷神是谷神，两者构成了农业国家的根本，在中国传统文化语境中，社稷成为国家的象征。在中国现存最早的诗歌总集《诗经》中，已有体现土地祭祀的内容。"社"在《小雅·甫田》和《大雅·云汉》两篇诗歌中出现，其意义非常明确，是指土神，例如《大雅·云汉》中的"祈年孔夙,方社不莫"。与"社"相比，"稷"出现的篇数较多，如《王风·黍离》《唐风·鸨羽》《豳风·七月》等。这些诗歌中"稷"多指谷物，有时是周人始祖之名后稷。他因教授人们种植作物、被后世尊为稷神。历史悠久的社稷祭祀，从最初发端于土地崇拜的社，到后来等级体系完整的社稷坛，经历了一个不断发展完善的过程。

中国古代的州、府、县都设有社稷坛。北京社稷坛是有明一代建成的第三座国家祭祀社神和稷神的建筑群，也是全国各地社稷坛中等级最高的一座，其址原为辽代兴国寺，元代改为万寿兴国寺，现今南坛门外尚存的七株柏树即为其遗迹。整个建筑群自北向南以轴线分布，从规划设计理念和整体布局来看，贯穿着"以少总多"的规划设计手法。作为封建时代高等级的祭祀建筑组群，所用的建筑数量不多，建筑的尺度也并不高大。环绕祭坛分布拜殿、戟门、神厨、神库、宰牲亭五组建筑，以这些有限的建筑手段，在坛墙围合的庞大地段中，满足祭祀仪礼的功能要求，营造肃穆静谧、超凡出尘的环境，创造崇高、神圣的独特境界。作为一种影响深远的文化现象，社稷祭祀对中国历史文化有着极其深远的影响。

古柏群

环坛种植侧柏或桧柏，形成环坛柏树林带。柏树大多是明代初建坛时所植，盘礴葱郁，井然森列。南坛门外东西马路以北、沿马路一字排列南北两行古柏，在靠北的一行中有多株粗壮高大的柏树，其中南坛门外7株最巨的古树，为辽代兴国寺之遗物，故称"辽柏"。

南坛门古侧柏的东侧，有一棵槐树从一柏树干下部中心自然长出，谓之"槐柏合抱"，是公园特有的景观。

南坛门外古柏群（范炳远 摄）

辽代古柏（范炳远 摄）

百尺老松衔半月（范炳远 摄）

（连利华 摄）

老干屈曲，根叶苍秀

（连利华 摄）

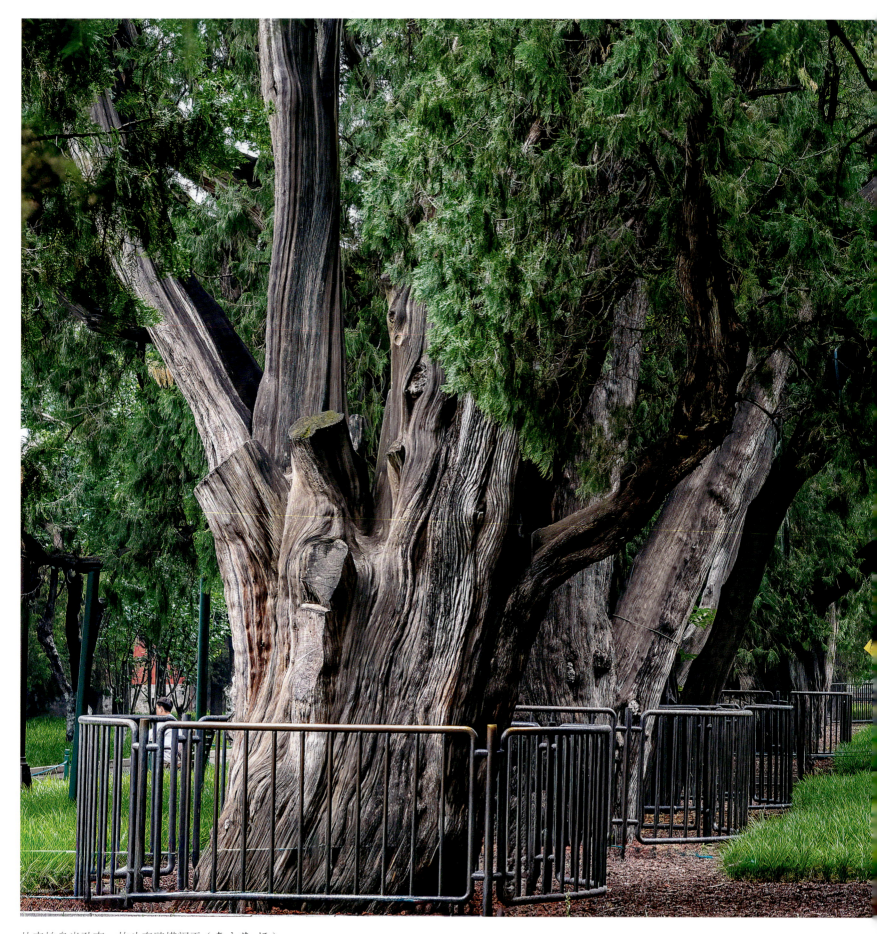

从来柏身尚劲直，故斗奇肆横阑干（秦永荣 摄）

柯如青铜根如石，黛色参天二千尺（张晓莲 摄）

（范炳远 摄）

吁嗟乎秦皇汉武求神仙，
何如此槐此柏能延年
（范炳远 摄）

宋代石狮

（范炳远 摄）

石狮是罕见的昂首坐狮，体型偏瘦，蹲坐式，直背挺胸，姿态雄伟。1918年河北大名镇守使王怀庆和统领李阶平发现并捐献给公园。1956年，经考古专家鉴定为"宋代遗物，距今已有千年历史"。

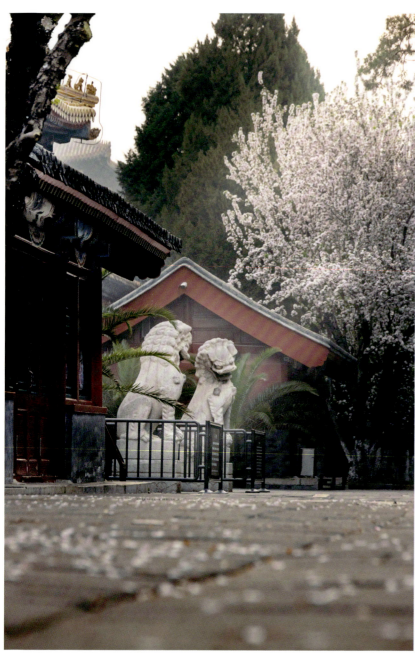

石狮与春花（范炳远 摄）

（秦永荣 摄）

一望千年（张晓莲 摄）

守望（张晓莲 摄）

明清建筑

社稷祭坛

　　社稷祭坛区域由棂星门、坛台、墙垣三部分组成。建于明永乐十八年（1420 年）。坛台正方形，符合"天圆地方"理念。台基三层，青白石砌成，南、西、北、东、中分别铺红、白、黑、青、黄五色土。中国古代以五色代五方、以五方代天下，也代表"普天之下，莫非王土"之意。坛台的中央有一凸起的上锐下方的石柱，称为"江山石"，又名社主石"，寓意"江山永固，社稷长存"。坛台建有四色矮墙，称为墙垣。墙垣四周各有一个门，称棂星门。

（范炳远 摄）

社稷祭坛（范炳远 摄）

（范炳远 摄）

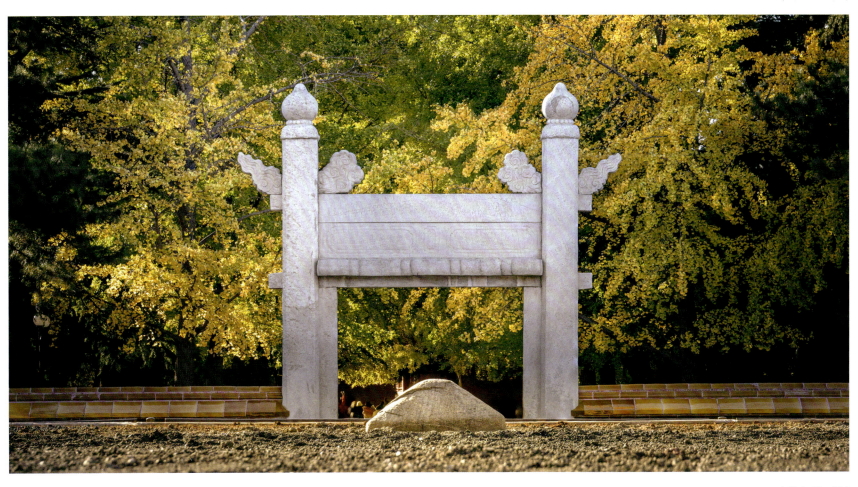

（范炳远 摄）

社稷祭坛（范炳远 摄）

五色五方（范炳远 摄）

（范炳远 摄）

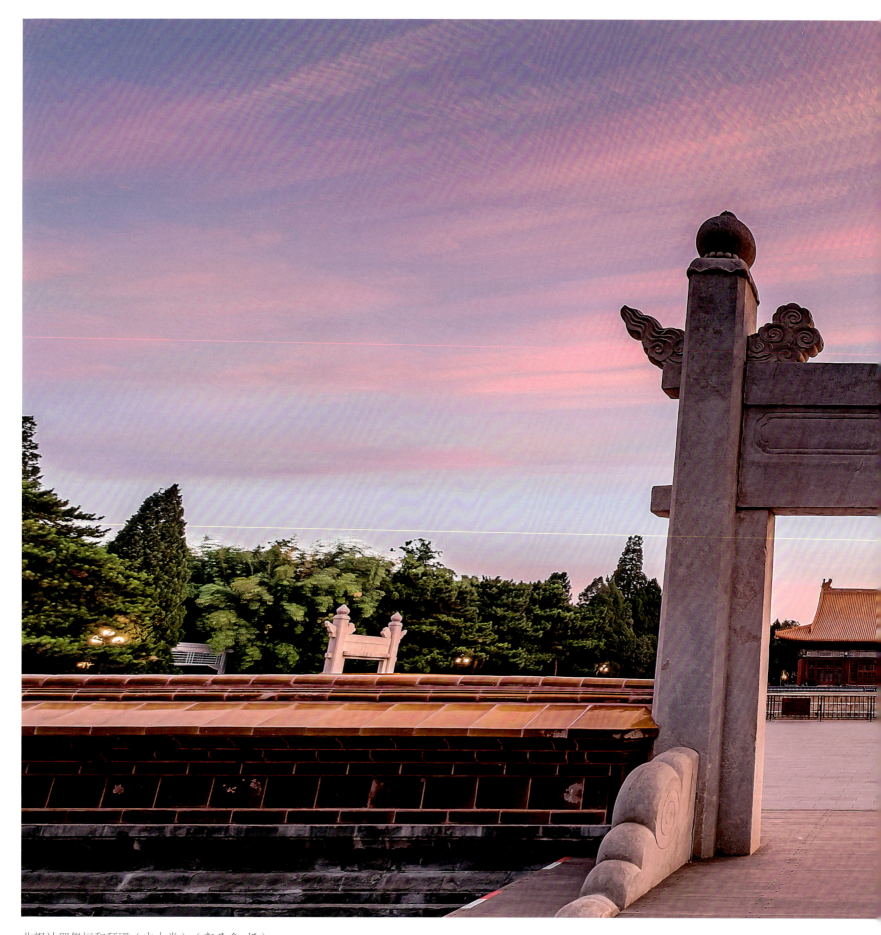

北望社稷祭坛和拜殿（中山堂）（郭承鑫 摄）

（张晓莲 摄）

拜殿（中山堂）

　　位于祭坛北侧，建于明永乐十八年（1420年）。据《北京古建筑》记载，史料中未发现该建筑被毁或重建的记录，是北京现存明代建筑之一。拜殿是祭坛的附属建筑。孙中山先生1925年在北平去世后曾在此停灵并公祭。1928年，为了纪念孙中山先生将拜殿更名为中山堂。1949年8月至1954年6月，北京市人民政府在这里召开过四届北京市各界人民代表会议。

雪落中山堂（范炳远 摄）

第一部分 千年积淀 | 049

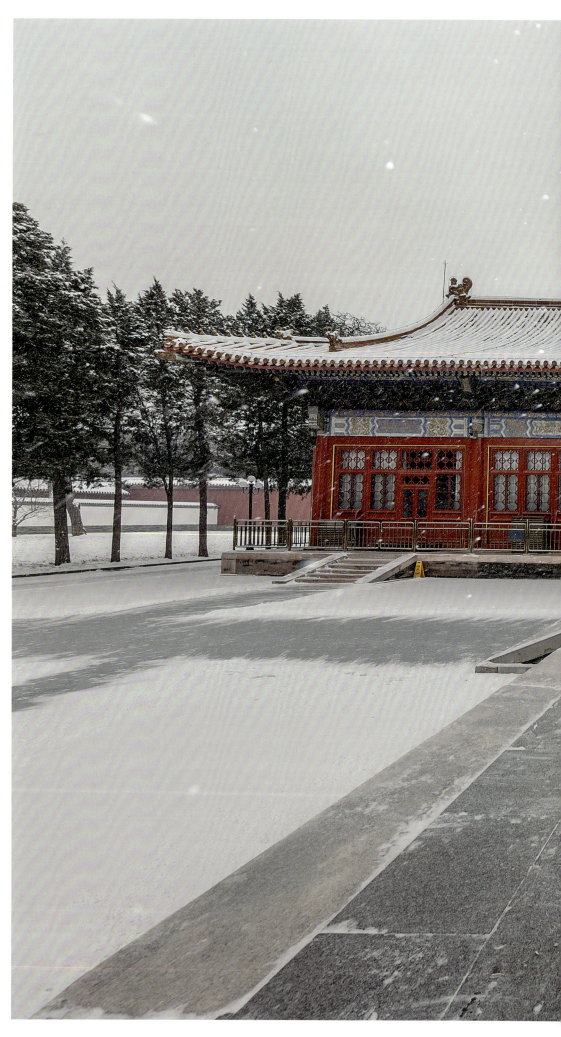

（范炳远 摄）

戟　殿

　　位于拜殿北，又称戟门。祭祀时，如遇风雨，御幄即移设于此。今戟无存。1916年5月，教育部办图书馆，将戟门改成殿堂，用作图书馆阅览室和藏书库。图书馆初名图书阅览所，1917年正式开馆。后几经更名改隶，至1950年迁出公园。

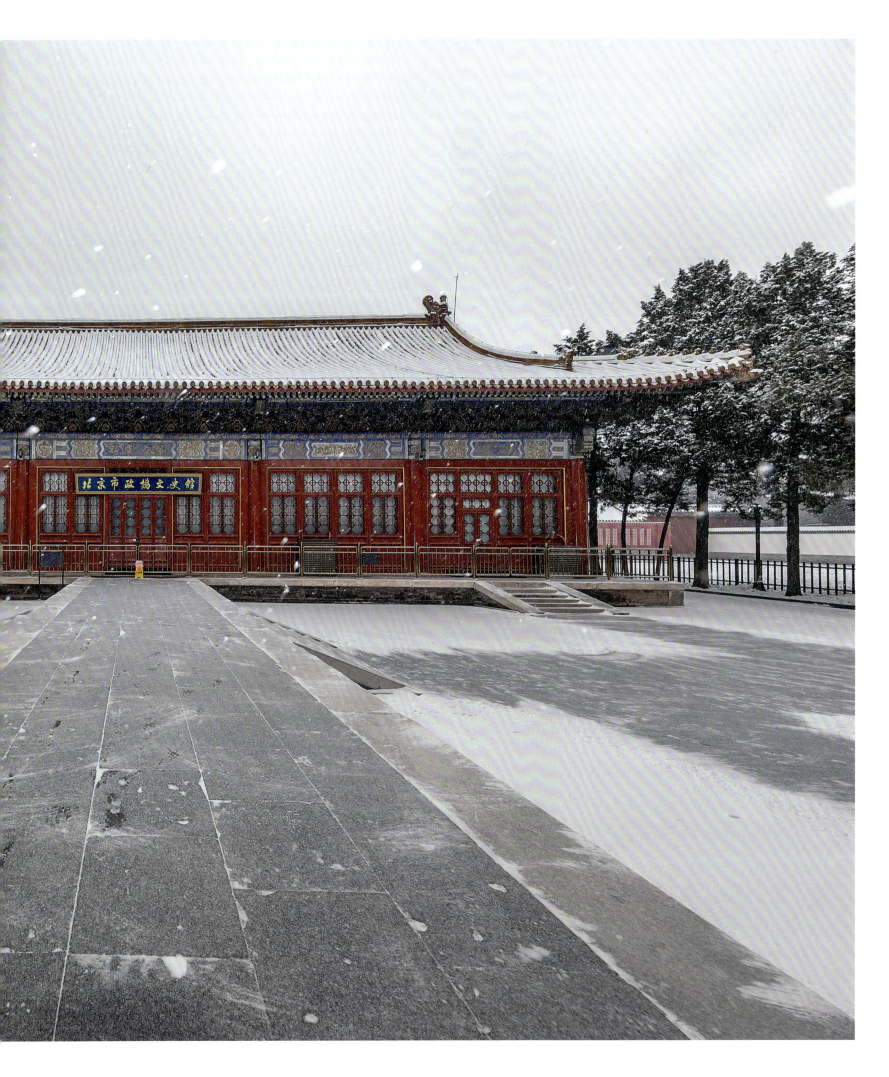

（范炳远 摄）

神库、神厨

　　位于内坛西南隅，神库、神厨并列，皆东向。神库在南，神厨在北。神库用于安放太社、太稷、后土勾龙氏、后稷氏神牌等物品。每到祭祀时，将神牌请出，祭后收回安放原处。1916年以后，由内务部主办，在神库内设立卫生陈列所，向市民宣传、普及卫生常识。神厨为制作祭品、存放各种厨具之处所，现为公园园史展厅。

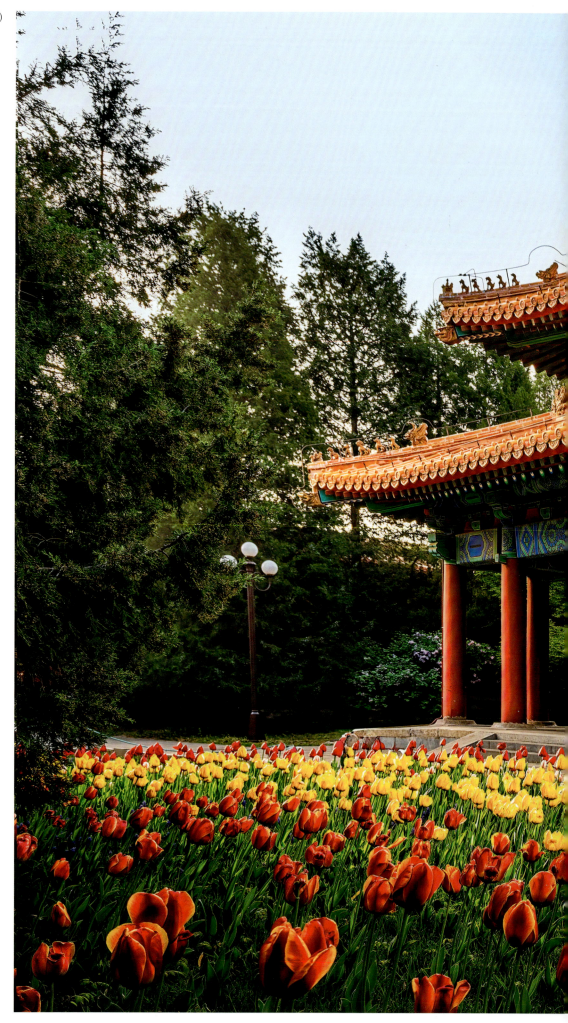

（秦永荣 摄）

宰牲亭

　　建于明永乐十八年（1420年），
为祭祀时屠宰牲畜使用，故名打牲
亭、宰牲亭。重檐歇山黄琉璃瓦屋
面。明清时亭北、西、南有矮墙，
墙之东与坛墙相接。北有宰牲门一
座，歇山黄琉璃瓦屋面，门楼北
向。有古井一口，青白石砌筑。

宰牲亭（范炳远 摄）

宰牲亭古井（范炳远 摄）

坛门、坛墙

　　明清时期也称天门、东西南北
各一座。北坛门为三间三门，其他
原均为一间一门，后南坛门随墙东
西各开一门。

南坛门（范炳远 摄）　　　　　　（郎萧玉 摄）　　　　　　（郭承鑫 摄）

坛门（赵华 摄）

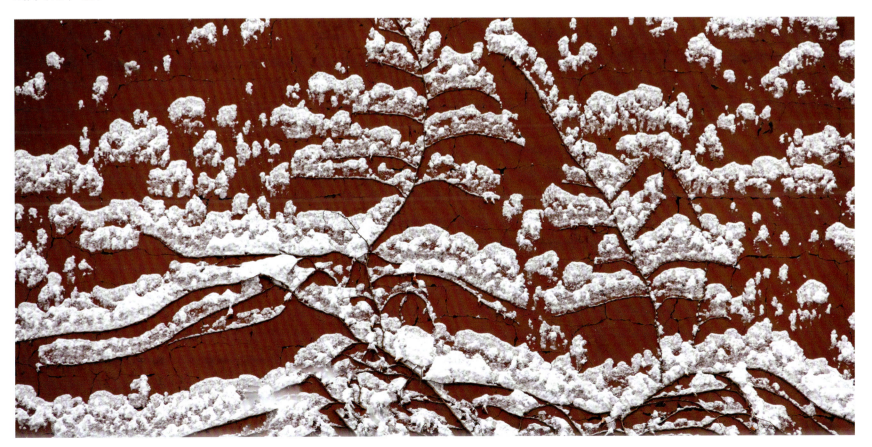

坛墙上的"树"（张晓莲 摄）

黄封不遇头纲使，争得凌云百尺姿（范炳远 摄）

南坛门秋色（范炳远 摄）

习礼亭

建于明永乐十八年（1420年），原址位于正阳门内兵部街鸿胪寺衙门内，是明清两朝专为初次来京的文武官吏、少数民族首领和附属国贡使等演习朝见皇帝礼仪之用，故名习礼亭，亦称演礼亭。1915年由盐务署移建到中央公园南坛门外路南迎面处，坐南向北。檐下悬"习礼亭"竖匾。

　　社稷坛，无山无水，无亭台楼榭。辟为公园之初，仅有五色土坛和拜殿。因此，以朱启钤为首的公园建设者确立"依坛造景"的建园方针，保留五色土坛、殿堂等古建筑，对园中苍翠蓊郁的数百株古柏开展保护。1914年以后的数年间，在"清严偕乐、不谬于风雅"的主旨下，精心规划，择其所宜开辟园门、道路，增建亭台楼榭、轩馆廊坊，点布假山名石，铺筑花池绿地，搜集花鸟鱼虫，饲养珍禽异兽，挖塘引水，起土堆山，即池栽荷，就山植树，陆续添建新景点，将一个荒秽颓败的社稷坛，建设成一个以坛为中心、以古柏林为绿带、四周环以多组景观、水木明瑟、绿树成荫、具有古典园林特点的综合性公园。名景、名亭、名花、名店、名石融为一体，丰富的园林景观给众多文化名人留下深刻印象。如吴锡永词赞云："东风吹绿长安树，园林好春如许。翠柏参天、高槐夹道，旧是宸游。"

　　新中国成立后，中山公园为人民群众提供了一个游览、休憩的优美环境和文化娱乐园地，也是国家政治、文化活动的重要场所。1978年后，随着改革逐步深化，公园在保护历史遗产的基础上，发展景观建设，丰富文化活动。2012年北京中轴线申遗工作启动以来，公园完成社稷坛文物腾退与环境整治，向游客展示明清时期社稷坛的神韵。2024年7月27日，联合国教科文组织第46届世界遗产大会将"北京中轴线——中国理想都城秩序的杰作"列入《世界遗产名录》。社稷坛（中山公园）作为北京中轴线15个遗产构成要素入选，是为中山公园110年发展史上的大事件。

名景

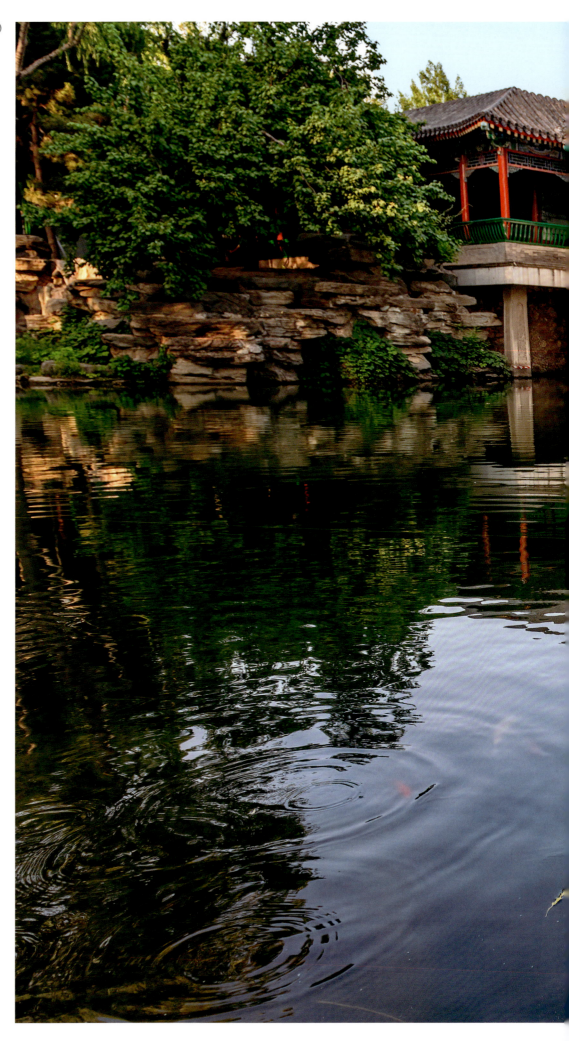

（秦永荣 摄）

水 榭

1916年建，位于公园南侧，紧邻四宜轩，初建时为三合院式建筑，1928年增建南厅，歇山式灰瓦顶、砖木结构，内外走廊，四面厅房与廊连接。外廊南门沿廊柱设座凳，南厅廊外散点山石，北厅地基一半坐于水中，北半部环厅游廊以水泥柱墩架于水面之上。周围山石峻嶒，嘉木葱茏，在一湖活水的映衬下，别具意境。

无人春寂寥（张晓莲 摄）

秋风玉枕凉（范炳远 摄）

廊桥秋绚（张晓莲 摄）

（连利华 摄）

水榭之冬（赵华 摄）

（张晓莲 摄）

（张晓莲 摄）

水榭之冬（张晓莲 摄）

春隐四宜轩（范炳远 摄）

四宜轩

位于西南池塘小岛上，原为明清时期的关帝庙，房屋呈"T"形、硬山黑瓦顶。公园在开辟这片景区时，在周围挖掘池塘，将庙址四面环水成为小岛。1919年，关帝庙塑像从中迁出，房屋改建为"工"字形，取名四宜轩，取"春宜花、夏宜风、秋宜月、冬宜雪"之义。延续至今。

四宜轩之秋（唐海滨 摄）

（张晓莲 摄）

唐花坞

建于1915年，1936年原址改建。"唐"与"煻"通，为用火烘焙之意，坞指水边建筑，唐花坞即为临水的花卉温室。改建后的唐花坞为钢筋混凝土结构，孔雀绿琉璃瓦檐、盝顶、平面为燕翅形，中间为重檐八方亭形式。建筑整体古朴庄重典雅，是公园常年展陈名优精品花卉、举办专题花展的地方。

唐花坞内春色丽（范炳远 摄）　　　　　　　　　　　　　（范炳远 摄）

（秦永荣 摄）

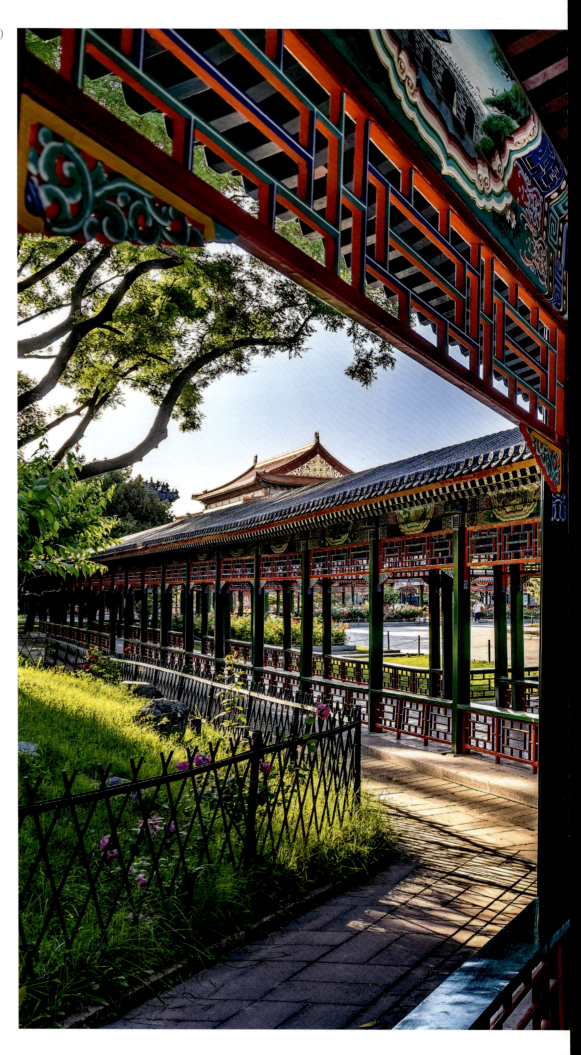

长 廊

　　1924年经公园董事会议定后兴
建，1971年复建，按原结构建东、
西长廊271间，设垂花门7座，并将
廊内吊顶改为"彻上明造"，在廊壁
上共绘有千余幅山水、花鸟的彩
画，供游客品评欣赏。

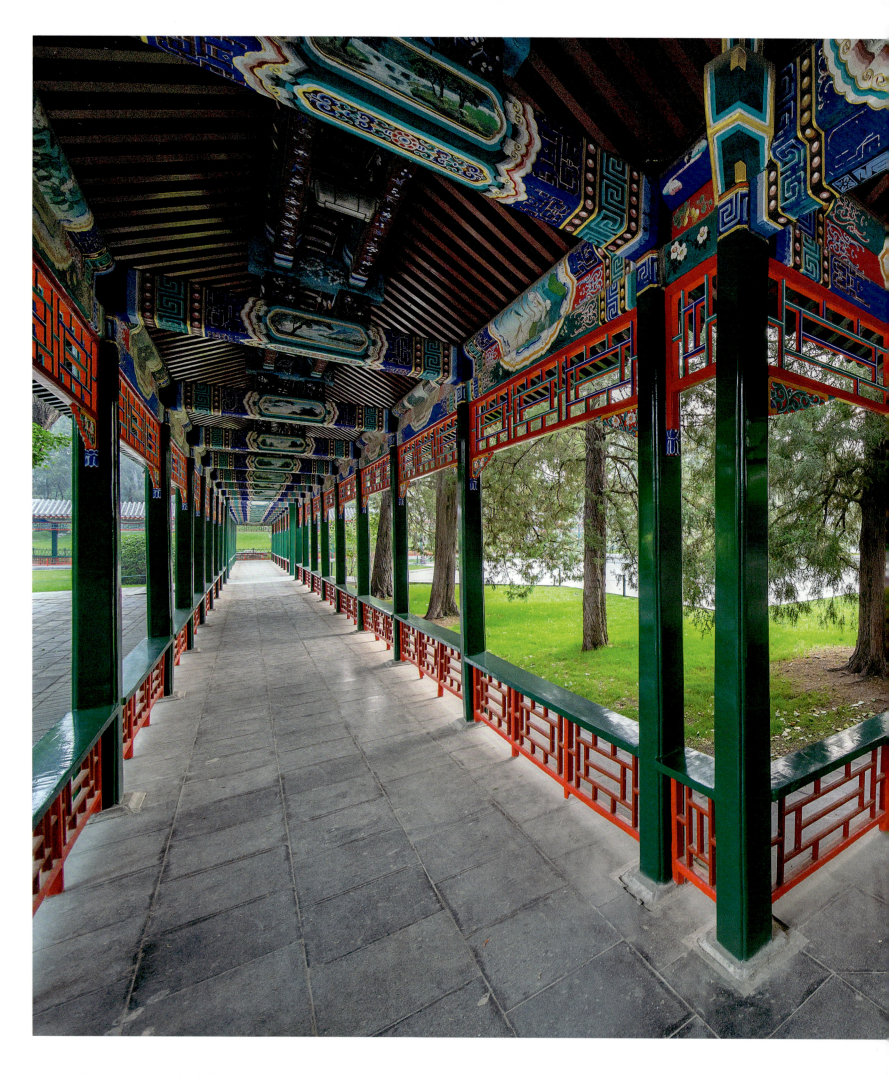

长廊（张晓莲 摄）

长廊之秋（郭承鑫 摄）

（范炳远 摄）

长廊之秋（范炳远 摄）

长廊闹春（范炳远 摄）

雪后长廊（秦永荣 摄）

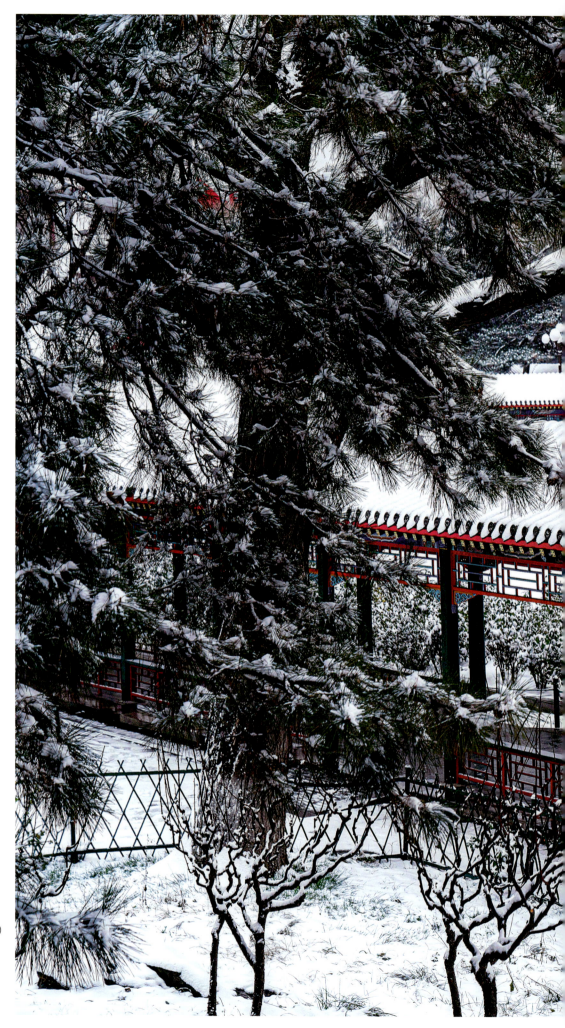

雪后长廊（朱金科 摄）

（连利华 摄）

蕙芳园

　　位于公园内坛西北角，建于
1990年，是以观赏兰花为主的一座
园中之园，是当时中国"三北地区"
最大的兰圃。正门悬挂溥杰书"蕙
芳园"匾额。景区分为四个部分，
在设计上采用封闭式的造园手法，
用竹和松篱分隔空间，通过地形变
换、植物疏密，造成一个空谷山
幽、茂林修竹、萦绕曲折、清雅静
谧的自然景观，既体现了中国园林
景观的古典特色，又突出了以观赏
兰花为主的布局宗旨。

（范炳远 摄）

蕙芳园风光（范炳远 摄）

（范炳远 摄）

（范炳远 摄）

（朱金科 摄）

愉 园

　　位于内坛东北角，1983年建成，是供游客观赏名贵金鱼的园林景区。因"鱼"与"愉"谐音，故取名愉园，意谓赏鱼之园。景区整体坐北朝南，南部为庭院绿化区，中部为园林建筑和金鱼观赏区，北部为金鱼养殖区。建筑为古典形式，采用中轴对称两侧均衡式布局，南面正中为重檐蓝琉璃瓦屋面八方亭，东面为单檐筒瓦屋面正方亭，西面为单檐筒瓦屋面长方亭。三亭以38间半壁廊相连，廊上嵌有34个金鱼展窗，内镶衬玻璃鱼缸，展示精品金鱼供游人观赏。园南正中有观鱼池，取名"乐泉"，池内放养金鱼、锦鲤。

金鱼展廊（范炳远 摄）　　　　　　　　　木海观鱼（范炳远 摄）

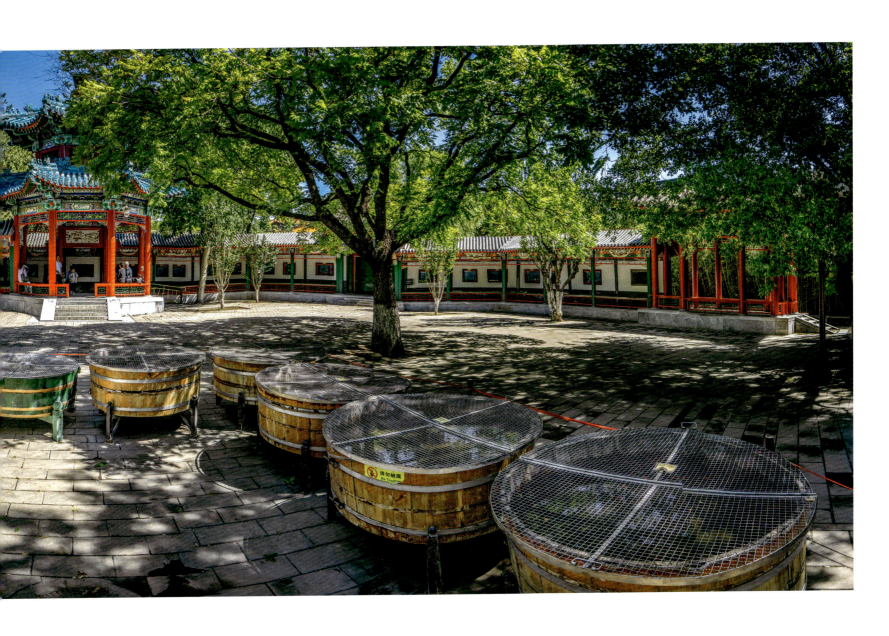

（赵华 摄）

长青园

　　位于园内东北侧，为开放式园
区，建于20世纪70年代。园的北侧
耸立着6株名木云杉，原置于1976
年毛泽东主席追悼大会会场内，后
被移植于此，作为永久保留纪念。

（范炳远 摄）

（范炳远 摄）

（秦永荣 摄）

保卫和平坊

　　原名"克林德碑"、建于1903年。1919年将其移建至中央公园，改名"协约公理战胜纪念"坊。1952年，为纪念在北京召开的"亚洲及太平洋区域和平会议"、决定将此坊改名为"保卫和平"坊。"保卫和平"四个字为郭沫若所题。

保卫和平坊与南门广场（朱金科 摄）

（张晓莲 摄）

保卫和平坊与南门广场（郭承鑫 摄）

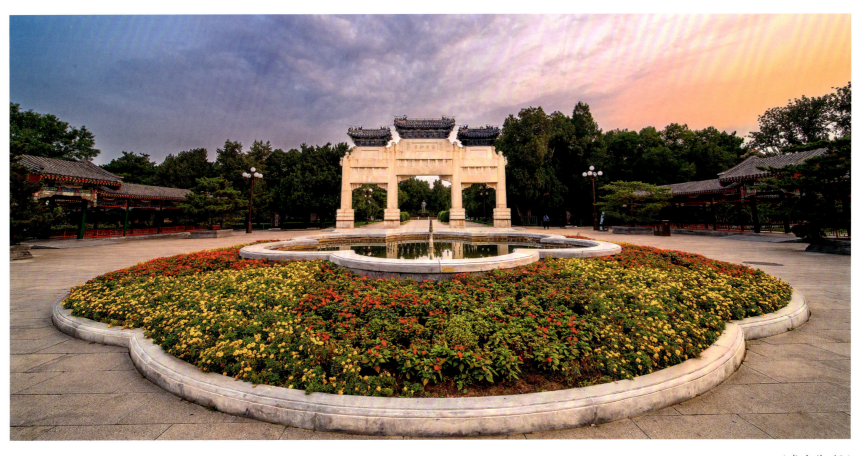

（秦永荣 摄）

（张晓莲 摄）

保卫和平坊与南门广场（于红旗 摄）

（范炳远 摄）

中山公园南门（张晓莲 摄）

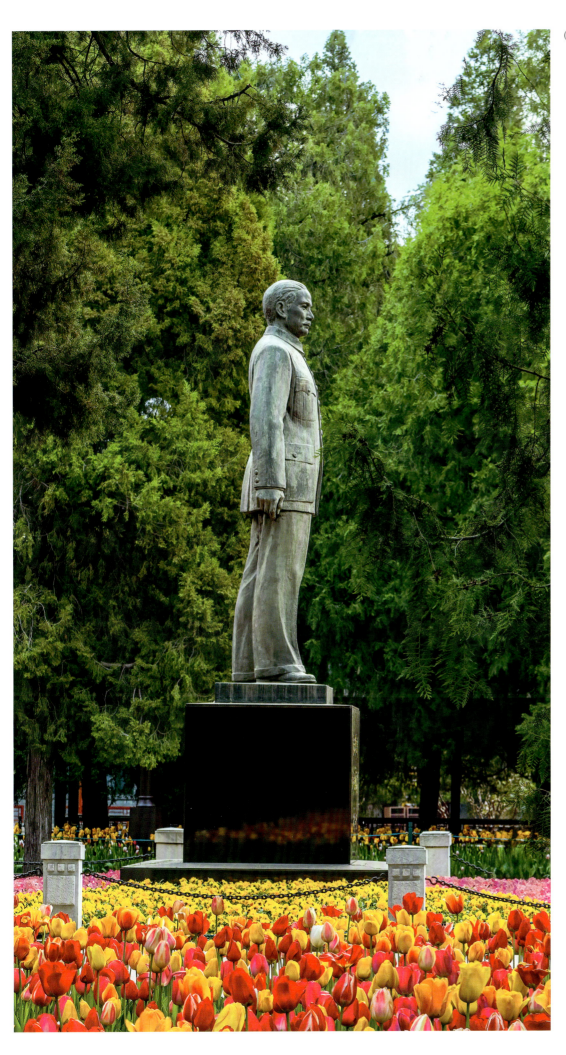

孙中山铜像

位于保卫和平坊以北。为了纪念孙中山先生逝世六十周年，1983年3月由54位北京市政协委员提案、经国务院批准塑立。1986年11月12日举行了铜像落成揭幕仪式。铜像基座采用黑色大理石贴面，正面镌刻邓小平书写的"伟大的革命先行者孙中山先生永垂不朽"鎏金题字。

音乐堂

中山公园音乐堂

位于内坛东南，始建于1942年。初为露天剧场，后几经修缮、改建，于20世纪90年代形成现在的规模，为封闭式现代化剧场。中山公园音乐堂每年举办近三百场演出，是北京城内重要的公共服务设施，见证了北京皇家坛庙公众化的进程。

（中山公园音乐堂 提供）

（中山公园音乐堂 提供）

（范炳远 摄）

名亭

松柏交翠亭

　　建于1915年，位于东坛门外小山上，为重檐六方亭，山石的构思、手法、布局别具特色。后经朱启钤提议，原亭灰筒瓦顶改换为绿琉璃瓦顶，称松柏交翠亭。值得一提的是，该亭的藻井为鎏金斗拱辅助角梁挑金法，呈现出独特的视觉效果。

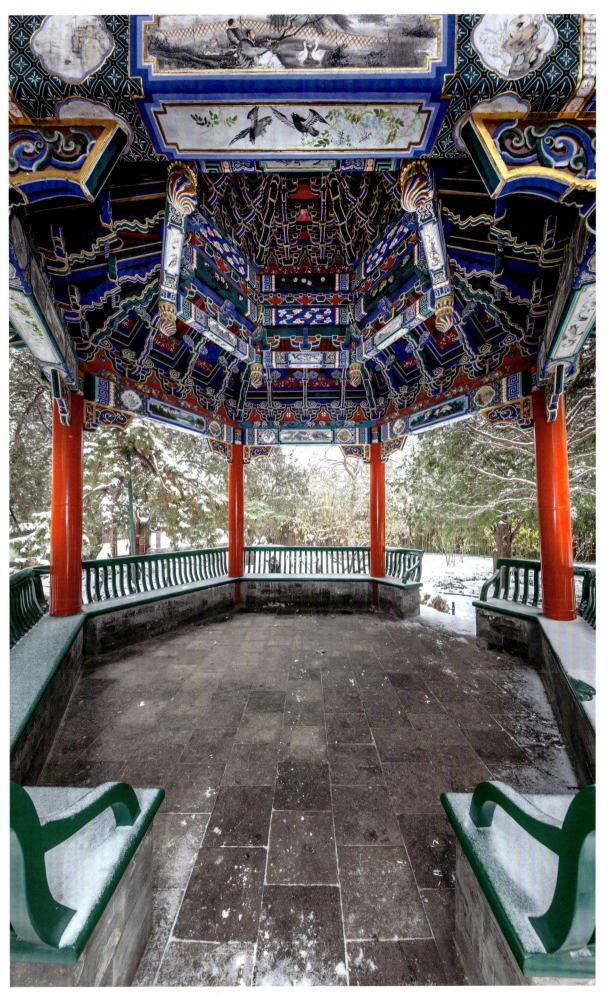

（范炳远 摄）

松柏交翠亭藻井

（范炳远 摄）

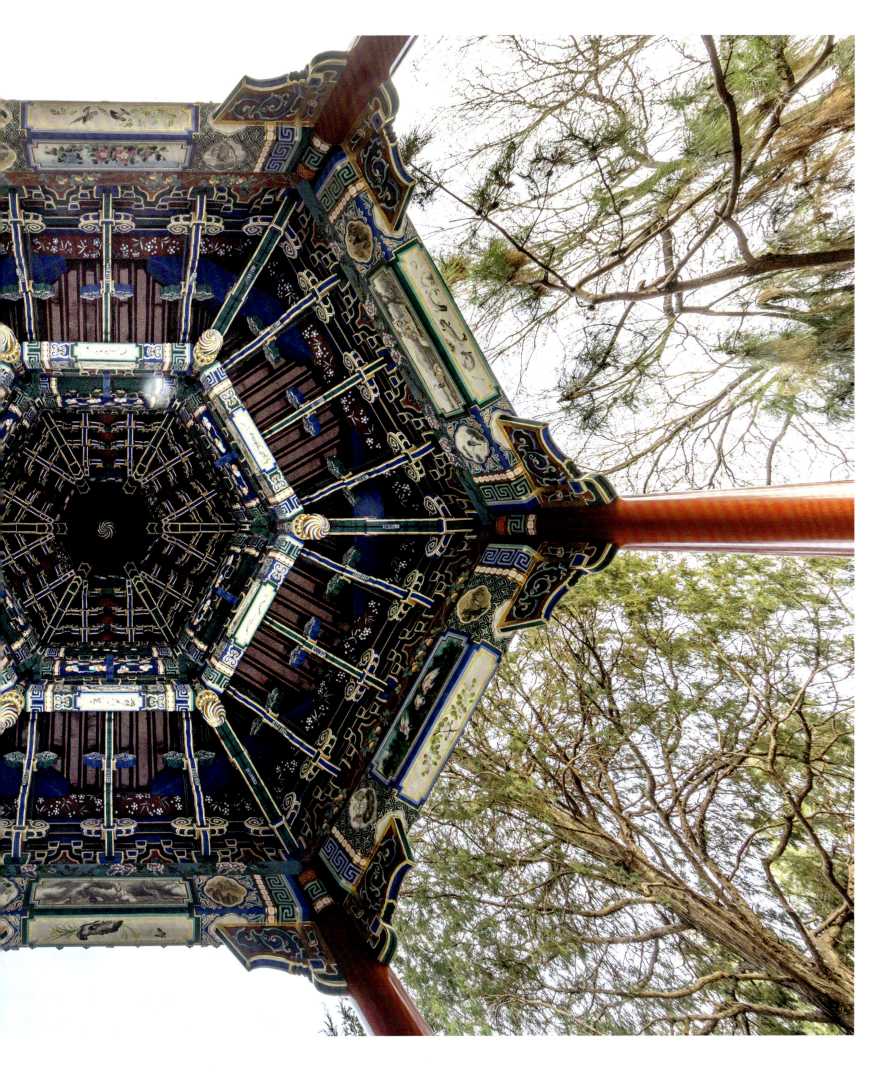

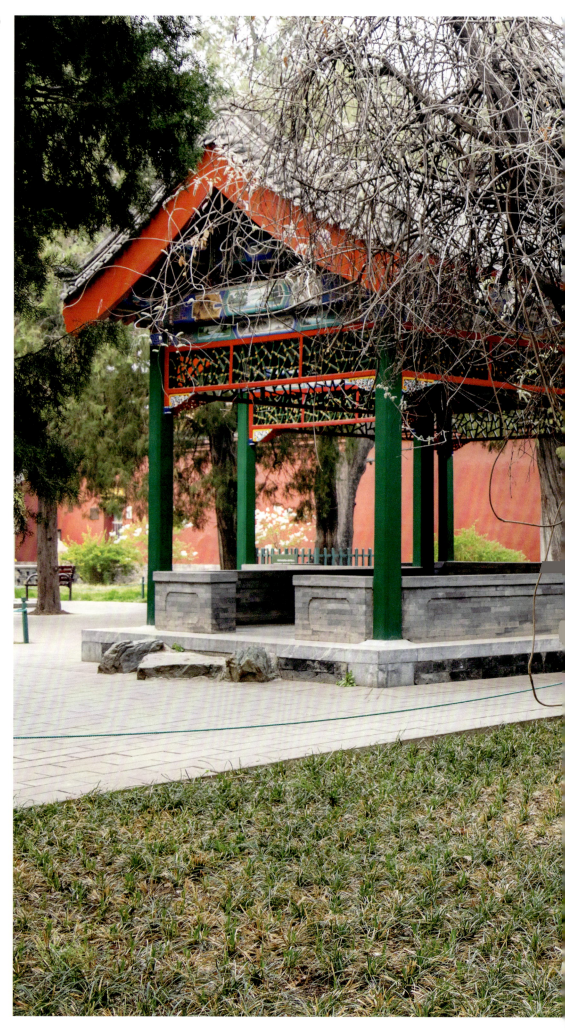

（范炳远 摄）

投壶亭

　　1915年建，位于东坛门外以南，平地建亭。亭子设计式样别致，采用勾连搭形式，当中3间，两侧各1间，平面呈"十"字形。修建此亭原拟作投壶游戏之用，故名投壶亭，亦称十字亭。1920年前后，少年中国学会曾在此与来访的天津觉悟社成员座谈交流。

投壶亭与红墙相呼应，用廊柱形成框景效果（张晓莲 摄）

格言亭

　　建于1915年，位于北坛门外，由时任总统府咨议的雍涛捐资修建，为西式圆形八柱亭。亭外四周有栏杆围绕，栏杆以12个球形石墩分4组，每组3个，中以粗铁管穿连，四面留有出入口。8根方亭柱的内侧面各镌刻先人格言一则，故名格言亭。

（范炳远 摄）

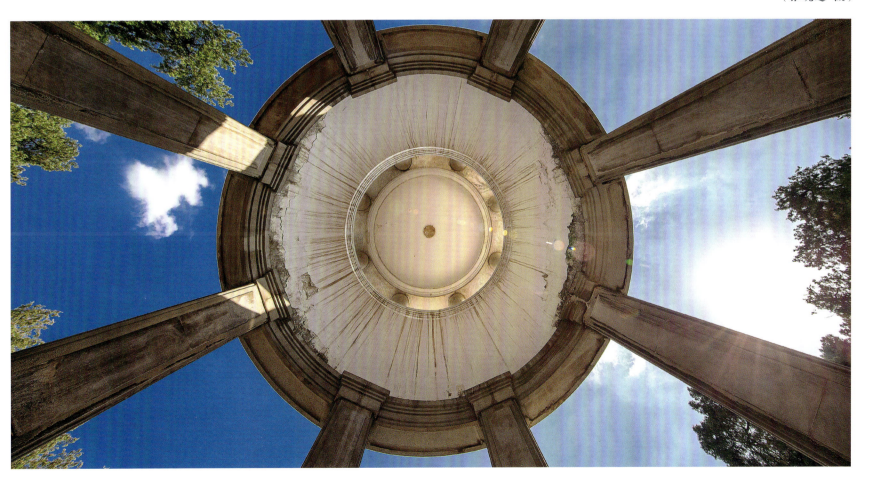

格言亭（范炳远 摄）

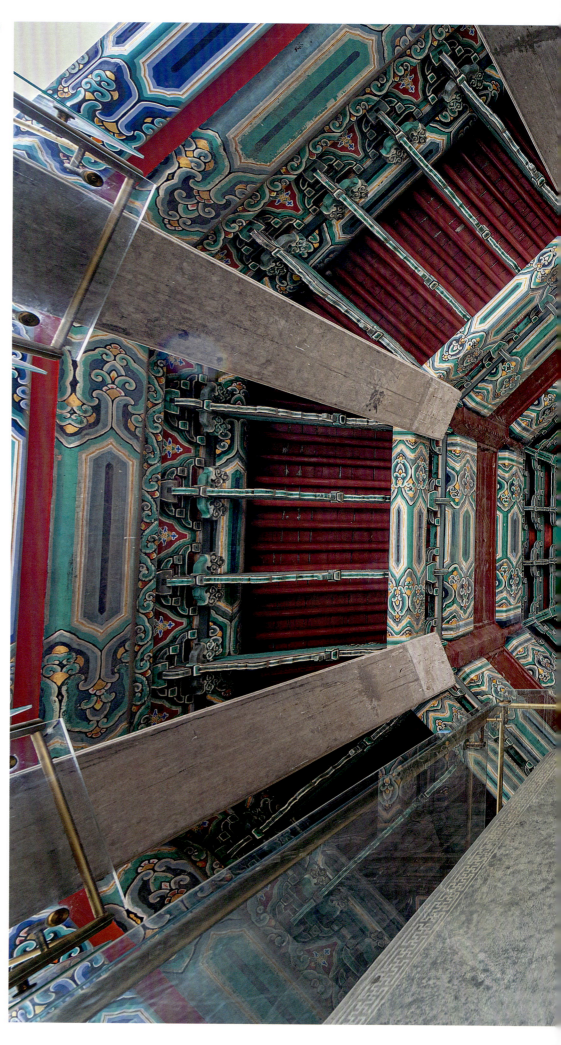

兰亭八柱亭

　　1971年，在1917年兰亭碑亭基础上修建，分为两个部分：一是兰亭碑。碑高约2米，宽约1.6米，厚约0.33米。正面刻晋永和九年《兰亭修禊图》及《题记》，阴面刻清乾隆五十年乙巳（1785年）御制诗。二是兰亭八柱。1941年刻有兰亭诗的八根石柱从颐和园运抵中山公园，先置于社左门内保存。1971年恢复南部景区时与碑重新组建成为一体，并将乾隆帝御题的泉宗庙遗物"景自天成""引派涵星"嵌于亭上。

眺望兰亭八柱亭（张小娟 摄）

"景自天成"匾（范炳远 摄）

（范炳远 摄）

兰亭碑文（中山公园文保资产科 提供）

兰亭修禊图（中山公园文保资产科 提供）

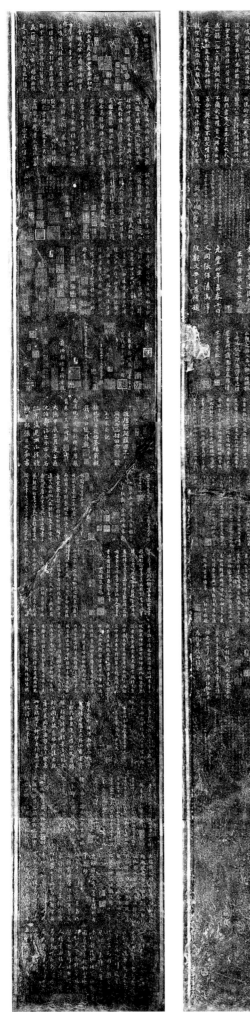

兰亭八柱拓片（部分）

（中山公园文保资产科 提供）

益□宕封府西秀閣

臨川王安禮黃慶基

同門元豐庚申閏

月十日

元豐五年二月二十七日

朱光簡李之儀觀

李作王崇通同觀

正景脩張太寧同觀

元豐四年孟春十日

又同張保清馮澤

從觀文安王景倩題

觀宇宙之大俯察品類之盛

所以遊目騁懷足以極視聽之

娛信可樂也夫人之相與俯仰

一世或取諸懷抱悟言一室之內

或因寄所託放浪形骸之外

趣舍萬殊靜躁不同當其

欣於所遇暫得於己快然自足不

知老之將至及其所之既倦情

隨事遷感慨係之矣向之所

欣俛仰之間以為陳迹猶不

能不以之興懷況脩短隨化終

期於盡古人云死生亦大矣

不痛哉每攬昔人興感之由

若合一契未嘗不臨文嗟悼不

迎晖亭

    建于1918年，位于公园西南山山腰朝阳的山坳处，坐西朝东。1971年重建，原地建圆柱、单檐、攒尖六角亭，水泥地面。以石阶引至塘边甬路，亭内柱间下设座凳，供游人休息。

（张晓莲 摄）

（范炳远 摄）

茅草亭

  1914年，利用拆除的宰牲亭矮墙及奉祀署的旧房垣渣土，在西坛门外稍北处堆成土山，山顶建茅草亭一座。1954年重建。1956年将茅草顶改为石板顶，亭内四周设座凳，供游人休息。

（范炳远 摄）

名花

牡 丹

1914年公园创立即开始养植，多购自山东曹州。大部于园内陆地栽种。栽种数量逐年增加，是公园重点栽培的花卉。初时为便于观瞻、养护，在坛内专门修筑了国花台栽植。由于花性宜凉怕热，喜燥恶湿，怕烈风酷日，不宜在台上栽种，于1916年将牡丹移于坛外树荫下分池栽种。

（秦永荣 摄）

（范炳远 摄）

兰 花

传统名贵花卉、被誉为"花中君子"。性喜温湿，北方很少养植。1959年，在朱德委员长的大力支持下，从上海购入一批兰花，同时从上海请来育兰师傅诸涨富，为公园养育兰花，教带养兰徒弟。自此，中山公园开始了在北方大批量养育兰花的历史。继之，又从四川、浙江搜集一些兰花名种。兰花"香""花""叶"三美俱全，又有"气清""色清""神清""韵清"四清完备。即使花期已过，兰叶美好的姿态仍可令人体会"看叶胜看花"的独特意境。

（范炳远 摄）

丁 香

传统观赏花木，花朵小而成簇、有紫色、白色。中山公园的丁香最盛时有七百多丛。花开时，满园香气氤氲，吸引众多游人驻足。熊冰"香浮茗碗春如海、雪泛宫墙昼未阴"，蔡璐"淡妆缀粉、珠珞垂缨"，都是赞美公园丁香的诗文。

（张晓莲 摄）

梅

中国传统名花之一。经冬不凋、不畏严寒，与松、竹一起被誉为"岁寒三友"，又因其清高、坚韧的品格，与兰、竹、菊合称"四君子"。中山公园是北京较早种植梅花的地方之一。1988年以来，公园于内坛西南部建设梅园景区，作为栽植梅花的开放园林空间，后经多年扩建，现种植梅花30余种110余株。每年3月下旬是梅园最美的时节。此时园内梅花盛开，红色、粉色、白色的花朵簇拥交织，似海如云，暗香浮动，令人流连。

（范炳远 摄）

紫 藤

　　攀缘生长、适应力强。每年花开时，条条紫穗似瀑布般倾泻而下，虬枝若隐若现，如苍龙翻腾于紫色波浪间。即使花叶凋落，紫藤遒劲的藤条也是一道风景。中山公园的紫藤见于白色花架或古柏下，形成"紫藤绕柏"的独特景观。将紫藤种在枯槁的古柏下，是中山公园创办者朱启钤的创意，这样不仅保留了百年古树，又用紫藤的花盛叶繁遮掩枯干槁木，增添了醉人景观，一举两得。

东风吹绽紫藤花（范炳远 摄）

（范炳远 摄）

海　棠

　　中山公园的海棠集中栽植在内坛外南侧马路旁。海棠盛开时，花朵簇拥在枝头，让这条路沉浸在赏心悦目的春色中。在春风吹拂下，粉色的花瓣徐徐飘落，缤纷如雨，美轮美奂。

（范炳远　摄）

海棠珠缀一重重

（秦永荣 摄）

（秦永荣 摄）

郁金香

　　1977年5月，当时的荷兰公主、后继位为女王的贝娅特丽丝偕同克劳斯亲王，对中国进行友好访问，受到热情接待。当年10月，她委托荷兰驻华使馆赠送给中国39个优良郁金香品种、4000个种球，由外交部礼宾司转交中山公园栽培。中山公园成为最早种植郁金香的公园。自1996年起每年举办郁金香观赏季，已成为中山公园的特色活动。

郁金香（范炳远 摄）

（秦永荣 摄）

（张铂 摄）

郁金香与古柏（秦永荣 摄）

名店

来今雨轩茶社

1915年建成，"来今雨"这个名字取自于唐代大诗人杜甫《秋述》中："常时车马之客，旧雨来，今雨不来。"在这里"今雨"代指新朋友，"旧雨"代指老朋友，意思就是新老朋友来此欢聚一堂。茶社正门上方悬挂的"来今雨轩"四个鎏金大字是由著名书法家郭风惠先生于1971年题写。北靠坛墙处堆叠假山。由于来今雨轩环境幽静、品位高雅、服务周到，不少文化名人及社会团体到来今雨轩品茗、会友、集会、宴请，更是为具有先进思想的革命志士提供了一个宣传马克思主义的绝佳场所。2020年被北京市委宣传部列为中国共产党早期北京革命活动的旧址之一。

茶社前月季花架

（郭承鑫 摄）

（范炳远 摄）

来今雨轩茶社内景（范炳远 摄）

（范炳远 摄）

茶社厅后的叠石

（范炳远 摄）

来今雨轩茶社夜景（范炳远 摄）

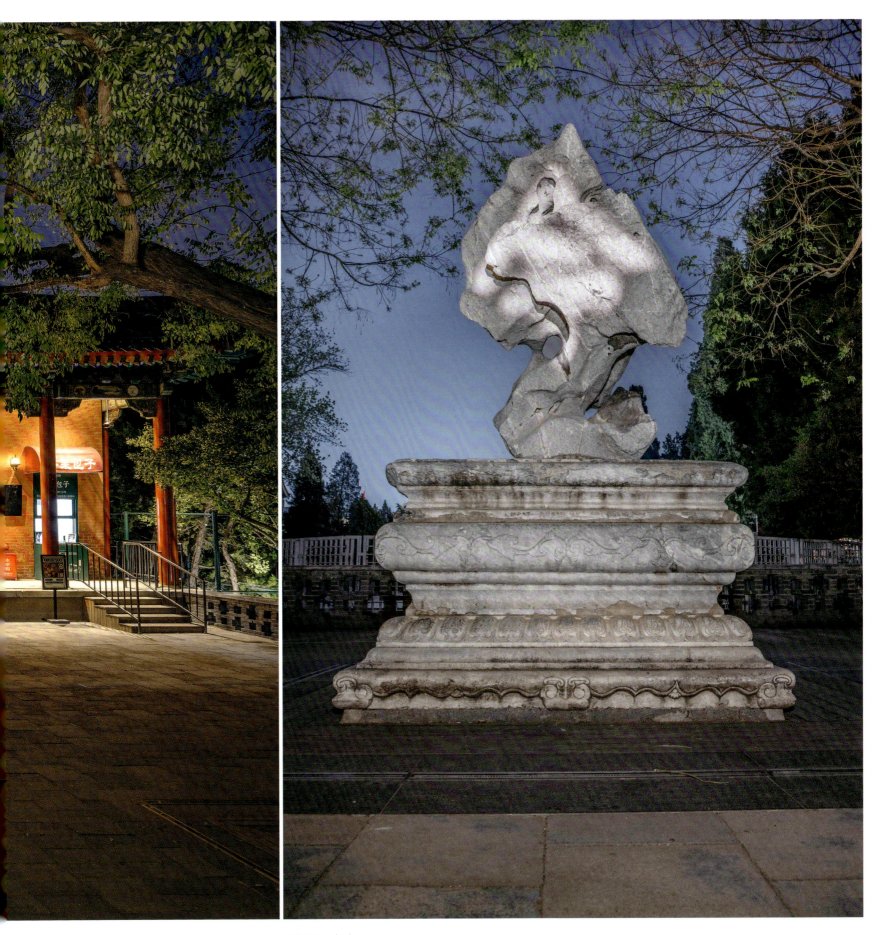

（范炳远 摄）

（王小一 摄）

来今雨轩饭庄

1915年开业初经营西餐、后兼营茶社并增加中餐。1981年开始研发红楼宴，1987年经北京市饮食服务总公司批准由二级餐馆升为一级餐馆。1990年杏花村新址建成后，来今雨轩饭庄于同年5月迁至西部杏花村新址营业。此后多次承担重大国事外事接待服务活动。

来今雨轩饭庄院内（于红旗 摄）

名石

青云片

　　"青云片"石与颐和园的"青芝岫"石被称为姊妹石，是北京园林名石之一。"青云片"石出自北京房山，为明朝太仆米万钟收集的玩石，清代乾隆皇帝将其移置于圆明园内时赏斋前。1925年由圆明园移至中山公园，1971年移至今处。"青云片"三字系由乾隆帝所题，石上尚有乾隆帝的题诗7首。此石气势磅礴、空灵浑厚、空穴明晰、结构奇巧、玲珑剔透、身姿秀美，好似一片青云，烟云缭绕。

乾隆帝题"青云片"（范炳远 摄）

"青云片"拓片（范炳远 摄）

青云片乾隆帝题诗
烟片雨丝辛未己，
濯枝润叶总纾怀。
不因膏泽良田足，
那设今朝时赏佳。
　　时赏斋作
丁亥仲夏月上浣御笔
　　（范炳远 摄）

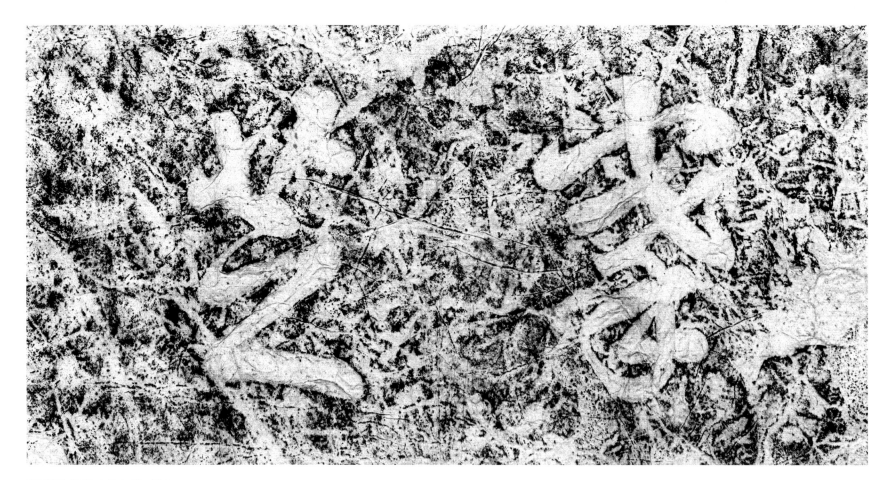

"搴芝"拓片（范炳远 摄）

搴芝石

石系圆明园遗物。石高2米，围2.7米，石上刻有乾隆帝御题"搴芝"二字。1914年修缮宰牲亭时置于宰牲亭西侧。

（秦永荣 摄）

"绘月"拓片（范炳远 摄）

绘月石

石系圆明园遗物。石高2米、围2.3米，石上刻有乾隆帝御题"绘月"二字。1919年置于四宜轩东侧。

仙人承露盘石座

中山公园内保存的铜仙承露盘石座由汉白玉雕成，高2.66米，其上雕刻有山水、云纹，极为精巧。露被古人视作祥瑞之物。据史料记载，汉武帝作金铜仙人承露盘，以承甘露，服食甘露后可益寿延年。尽管汉代铜仙承露盘已经失毁，但仙人承露的典故流传下来。后世根据这一典故，再造仙人承露盘，将其置于精美的石座上。今天见于公园的仙人承露盘石座建于清嘉庆年间，系圆明园遗物，1925年运往中山公园，留存至今。

仙人承露盘石座卷云纹浮雕（局部）（范炳远 摄）

仙人承露盘石座卷云纹

（范炳远 摄）

南极岩石

1984年，中国首次赴南极考察队，为感谢北京市人民政府和人们对南极考察事业的关怀与支持，中国南极长城站采集一块"南极岩石"，赠给北京市政府和人民作为纪念。北京市政府决定将此石放在中山公园，供北京市民观赏。1985年运至中山公园。设青白石雕筑的须弥座，上饰云纹，高1米，长1.6米，宽1.1米。

后 记

从1914年到2024年，北京中山公园走过110个春秋，见证了从皇家坛庙转变为今日人民公园的历史。这里景物巨丽，文脉绵延，水木明瑟，生机盎然。社稷文化、民国公园文化、红色文化和古树文化在这里交汇融合，每年吸引大量中外游客参观游览。

园中的亭轩廊榭、一草一木，源于我们坚守保护文化遗产、传承历史文化的初心。在公园对公众开放110周年之际，我们谨以《巨丽清华——北京中山公园风光影集》，向所有关心、支持中山公园的各界人士致以崇高的敬意。编写本书，离不开公园前辈们呕心沥血十余年收集整理的各类资料，离不开公园各位同仁、摄影与出版领域专业人士、中山公园音乐堂对这项工作的大力支持。在此，向每一位参与这本影集出版的人士表达感谢。百年又十载，奋进新时代。我们将踔厉奋发、继往开来，让文化遗产保护和文化传承工作发扬光大。

鉴于时间仓促，编者经验尚浅，仍存在不足和缺憾，诚请各位读者海涵。